Cahiers d'Icare

poèmes

Catalogage avant publication de BAnQ et Bibliothèque et Archives Canada

Brochu, André, 1942-
Cahiers d'Icare
Poèmes.
ISBN 978-2-89031-668-3
I. Titre.

PS8503.R615C33 2009 C841'.54 C2009-941401-5
PS9503.R615C33 2009

Nous remercions le Conseil des Arts du Canada ainsi que la Société de développement des entreprises culturelles du Québec de l'aide apportée à notre programme de publication. Nous reconnaissons également l'aide financière du gouvernement du Canada par l'entremise du Programme d'aide au développement de l'industrie de l'édition (PADIÉ) pour nos activités d'édition.
Gouvernement du Québec – Programme de crédit d'impôt pour l'édition de livres – Gestion SODEC.

Mise en pages : Eva Lavergne
Maquette de la couverture : Raymond Martin, d'après une photo anonyme de Serge Vilar

Distribution :
Canada
Dimedia
539, boul. Lebeau
Saint-Laurent (Québec)
H4N 1S2
Tél. : (514) 336-3941
Téléc. : (514) 331-3916
general@dimedia.qc.ca

Europe francophone
D.N.M. (Distribution du Nouveau Monde)
30, rue Gay Lussac
F-75005 Paris
France
Tél. : (01) 43 54 50 24
Téléc. : (01) 43 54 39 15
www.librairieduquebec.fr

Dépôt légal : BAnQ et B.A.C., 3e trimestre 2009
Imprimé au Canada

2200, rue Marie-Anne Est
Montréal (Québec) H2H 1N1, Canada
Téléphone : 514-597-1666
Courriel : triptyque@editiontriptyque.com
Site Internet : www.triptyque.qc.ca

ANDRÉ BROCHU

Cahiers d'Icare

poèmes

TRIPTYQUE

Avant-propos

Oui... Des poèmes[1] *frais sortis du cœur de leur créateur, un petit cœur en vérité, pas beaucoup plus gros qu'un moi, qu'un pois, mais parfois curieux d'autre chose, de tout. C'est cette curiosité qui attire Icare en plein ciel, le dédie à tous vents.*

Tout, ce n'est pas terrible. C'est ce qui frappe à la porte de l'attention individuelle, ce peut être petit ou gros, une poussière, un tsunami... On se rend compte, parfois, des fractures de la planète, de l'univers même. On se rend compte de la difficulté d'être d'une passante ou d'un enfant, d'un peuple. Soi-même, on geint volontiers dans ses propres coulisses.

Il y a le mal, qui ne relève plus des religions, il y a la difficulté à se maintenir à un niveau d'existence digne. Mais il y a aussi le besoin de balayer les culpabilités et de se mettre à aimer uniment, à célébrer les êtres autour de soi, à commencer par celle, compendium des excellences, chair et verbe, par qui aimer a un sens. Et puis l'amour s'étend à tout ce qui porte lumière, heureuse bannière qui va parfois donner contre un paquet de nuit, y laisse des étincelles...

J'ai voulu séparer le jour et la nuit. Les choses de l'un, les voies de l'autre. La montée d'Icare, puis la chute. Mais ils se font signe, par delà la césure. Et revendiquent chacun la part de gravité de l'autre.

A. B.

---

1. Quelques-uns ont paru dans *Les Écrits*, n° 118, sous le titre de « Poèmes comme ça ».

ICARE AVEC CAHIER

Son cahier grand ouvert attaché au dos en façon d'ailes qui battent, il escalade quatre à quatre les nuages

masses pétrifiées qui prémunissent le pied contre les périls de la gravitation aérienne et assurent la propulsion souhaitée vers les états d'en haut. Il grimpe

avec l'assentiment de tout son corps attisé d'allégresses et la vie entre ses poings pétrit des convictions qu'il n'a pas ressenties depuis douce lurette

ô joie de s'éprouver total dans l'instant d'à présent !

Il y a de ces plaisirs menus qui frôlent le va-sans-dire et vous réconfortent l'intime condition humaine tout en vous propulsant vers des engagements supérieurs

ces plaisirs ! par exemple un cahier

votre cahier battant pleines pages où vous consignerez à mesure les fières scansions de l'aventure.

Un cahier enrobé de peau épaisse, flexible, fauve et tenace, qui tiendra chauds les feuillets sur lesquels courent déjà les signes rédempteurs (car les mots vous sauvent de vous-même)

et que vous remplirez chaque jour en vous haussant de quelques crans dans le grand cirque céruléen qui érige sa spirale.

Il (c'est vous) redécouvre l'inspiration tonnante qui arrache l'esprit aux indolences et projette le cœur en plein zénith, là où la forge cosmique

génère le noir et rouge éclat du verbe.

*

Et qu'importe après cela la pluie de pages au vent, la chute plumeuse des mots et des silences

l'enfoncement têtu au plus creux de l'abîme,

qu'importe si lavé de tes délires tu te connais en toi

plus proche de la mort et délivré des vanités du planement

seul et nu, garrotté au cabestan des inconforts.

ICARE ET L'AIR

Icare n'a qu'une plume
pour voler jusqu'au livre
ouvert comme un oiseau
prêt à battre de toutes ses pages

une plume vers l'air
ébloui de baisers
et de vols arc-en-ciel

y tournoie doucement
le livre ouvert des songes
où la plume inscrira
les jours concrets de l'âme.

Premier cahier

CHOSES DU JOUR

« J'habite à l'ombre de mon cœur, et de la soie des poèmes je tisse un ciel neuf. »

ADONIS

Amours d'Icare

AU-DESSUS, I

Le jour m'aime et me ferme
comme une huître sur mon amour
de lui (le jour), claire perle

et je m'aurore incontinent
je m'ouvre aux signes ardents
aux mousses du matin
choses neuves parmi
d'autres signes

nous sommes une seule chose
dans la chaude et certaine
parole de l'amour

ma femme est douce et vrai soleil
au-dessus du destin

nous attendons la Terre
comme une promesse
contre le cœur de la misère.

AU-DESSUS, II

Elle est au-dessus de moi
comme un parapet de plume
ses seins reposent
sur mes seins pointes contre
pointes et sa chaleur descend
avec des hélices d'ombre et de sang
jusqu'au sacrement de cristal
qui gire, qui gire au plus clair
de nos corps amarrés
bloc de chair ensemble

sa prise est infinie quand
elle s'abaisse, toute ciel
cambrée sur mon plaisir.

À COUPS DE MER

Grand poing mouillé, ta chair
lisse ma vie droite
et m'écoute

tonne de mer
qui marie mes sables

je suis le pieu
fourbi par tes lentes alarmes
ton corps de grand squale
s'échoue entre mes lots de caresses

large loisir

nous nous apprenons
dans ce qui nous embrase.

L'AMOUR NU

L'acte d'amour casse la bête
et fait surgir l'éclair

homme devenu lumière
par la bagarre du plaisir
homme devenu la femme
étreinte à grand-joie
et puis encore celle qui geint
quand elle le ceint de toutes ses larmes
ses rages tendres, ses ferveurs
aux ongles longs traceurs

femme, homme, corps mêlés
extase peau et poils, caresse
de muscles sous-jacents qui nouent
la même vie au cœur
au vif
et à l'incessante amitié nue

double foi, double nudité
nue !

LE POINT DU JOUR

Ami, quand tu étais
beau et pareil
à une vive passe d'escrime
à un passage découvert
à une aurore magnétique
je lisais sur ton front l'avenir
et le décret de nos émois
la lumière s'amuïssait autour de toi
comme les étoiles aplaties par l'aurore
une à une sur une autre clarté
qui venait précieuse
et qui envahissait le champ de la présence
lune et soleil ensemble
tu disparaissais en emportant
tes magies plurielles
et je m'ouvrais à la splendeur
d'une âme femme vêtue de chair
et de seins et de sexe appelant
mon sexe en son nid d'ombre souriant.

LE SEIN SORCIER

Le joli suspens
                d'un sein de jeune fille bien tourné

suspens qui amuse et qui défie tout ensemble la gravitation
et met en cause bellement le champ des forces universelles
à partir d'un sûr trait de beauté

à partir d'une main immatérielle qui contient et supporte et
        soupèse

joli suspens de ce qui est moins mamelle que proue
au-dessus du flot brasillant des hommages

et son regard   lilas qui pointe
ô merveille ô nacelle
ô sein

un simple baiser sur
ce sourire de chair
ce fruit sans pesanteur
et me voici croquant et célébrant
tout affairé
blanc de désir
je me damne pour ce sein sorcier
je roule au pied des rhétoriques.

LES SEINS VOIENT

Tes seins comme deux grands yeux de ton corps
doux et rieurs,
fables réelles
de tant de chair et de si peu de poids

tendre nature
fleurs de l'été se muant en fruits
ni fleurs ni fruits, chauds suspens
nids de désir laits de rose

ma main mes lèvres vous découvrent
chambres soyeuses luisant de lampes douces
seins sirops
câlines matières

de même peau vêtus que le torse
de même magie qui compose
la beauté et son rayonnement

chaud regard de l'instant.

ET LA FEMME CRÉA L'HOMME

Le huitième jour, Dieu créa l'Amérique
et la fit conforme à ses méthodes de gestion
1- tant de prière 2- tant d'activité économique
3- le jour pour s'enrichir 4- la nuit pour renaître enfant de
Dieu
dans les caresses maternelles du rêve
(le rêve met en banque regrets et désirs)

le jour suivant, l'Amérique
créa Dieu à son tour
en homme d'affaires prospère, capable
de propager en tous pays de la Terre
les incendies d'une sainte colère
et d'engranger à terme les profits
d'une habile exploitation du sentiment religieux

le dixième jour, la femme créa l'homme
plus beau plus tendre plus lumineux que Dieu
et l'entraîna loin de l'Amérique marchande
dans des contrées où les seins et les mains et les bouches et
les cœurs
se fondent en brassées de foudre et de douceur.

ELLE EST AU TÉLÉPHONE

Elle est au téléphone et je n'entends pas bien ce qu'elle dit
je suis muré entre mes livres

des remparts de papier m'éloignent d'elle
qui parle et j'entends sa voix seule
détachée des mots
sa voix comme un cristal de fine rumeur
une intonation d'automne
la belle lancée du poivre
au sommet des ombres
tailladées de lumière

sa voix est essorée de larmes
et le bonheur y insinue
une mince clarté sans mot dire
car elle parle toute seule
elle parle devant le vide de sa joie
et le son de sa voix n'existe que pour moi
il me trouble m'étreint et j'écarte de lui
le nul fracas des livres.

CONTRE LA MORT

à Céline

Ce que nous sommes l'un à l'autre
un jour disparaîtra
la mort fera notre divorce

combien de temps encore sommes-nous éternels
l'un contre l'autre dans la grâce du monde

n'y pensons pas vivons
un et pareils à notre amour
des météores nous entourent
nos pensées ne se dessoudent pas
l'une de l'autre au milieu des éclairs

et quand viendra le temps
de ne plus être l'un par l'autre
nous referons le monde
sur la base de l'âme
et de son être-deux.

LISZT

Sorti du lit d'une comtesse
il remet son âme au chant
et joue une prière à Dieu
de ses deux bras lourds de caresses
son tronc très droit sur son séant

ses mains qui ont pétri l'amour
volent sur la mie des prodiges
déferlement de touches et de doigts

et la musique se déploie comme un ciel
au-dessus du clavier surmultiplié

un ciel de pourpre et d'or
où agonise nu
un amant sanctifié.

AMOUR

Dans tout cet amour il y a l'amitié
de ton sexe accueillant la virile rigueur
chose de chair ouverte et douce
où sinue le vecteur de tendres infinis

nous sommes bras à bras le même émoi
de vagues dévidant le rouleau de la plage
le même sortilège de mouettes bleues

tu te fonds sous le poids de l'azur découplé
envahie des longs mirages
tes seins sont pétris de soleil
tes hanches sont la roche où bouillonne le flot

tu es livrée aux salives du vent
je suis dans ton émoi comme un siècle perdu
qui reconquiert un à un ses vouloirs
et détermine son attentat
de diamant étincelant parmi tes flammes divisées

je suis tu es notre salve de joie
notre baiser de chair et d'os comme une averse de
ciel dur.

CORPS INFINIS

Deux corps assortis
galbes et carnations
deux corps frottés de lumière
sculptent l'un par l'autre
le désir
sculptent les joies de l'autre
fiers corps mêlés
d'apothéose

le tonnerre couve sous la cuisse
pendant qu'un sein
haut scintille
au ciel de la bouche

amants de satin
dans l'entrechat des baisers
corps de plume et d'astres
enfouissez vos jeux sous les plaisirs
déchirez-vous de vos joies plurielles
jusqu'à la mort l'un par l'autre
en un immense éclat de vie dure et d'aurore.

UNE AUTRE CHAIR

Il est sans fin le besoin
de te dédire

tu brûles ton enfance
pour mieux gaver de suie
ton noir dedans

poings liés

un jour daigneras-tu mourir
à ce qui te nie ?
sauras-tu quitter
le cinéma des corps
sa clarté jaune
l'infection des plaisirs
pour une autre chair
démêlant le silence ?

Une chair comme un miracle d'eau
affinant la lumière.

CORPS EMBRASÉS

Heureux songeurs
dans votre même extase
corps émus
que la beauté façonne
en archanges paille et azur

garçons aurore
et filles de vélin
qu'embrase le doux privilège du sexe
épousant l'autre à longue joie

peaux flambant
et revêtues du seul plaisir
qui vous immole

ô plénitude
oublieuse
faveur de sang !

ENTRE PRAGUE ET MILAN

Deux jeunes amoureux très animaux se caressent
leurs yeux ont l'éclat des armes blanches
leurs lèvres balbutient à plein cœur

ils se jurent des fidélités exorbitantes
parmi les rumeurs de tout de rien
dans l'avion de Prague à Milan
le ciel lumineux s'émeut
il y a de la bête dans l'air

rien ne dérange leur vis-à-vis
leur broutement de doux pacage
ils sont l'un à l'autre un étroit passage
pour le temps qui s'éternise.

Plumes froissées

L'ADVERSE ET SON CONTRAIRE

Le contraire de l'ouragan, ce n'est pas le beau temps
ni celui du tsunami, la mer calme
le contraire du mal n'est rien moins que Dieu même
dispensant son salut de légende
le contraire de la catastrophe est la légende
et le contraire de la guerre, non la paix
mais l'amour
tel qu'il bat lucide dans l'or des légendes
une fois que la réalité s'est tue
une fois tuée la force matérielle
et ressuscitée la grâce
en pluie de feu exaltant nos courages
le contraire de la mort n'est pas la vie
mais la montée jusqu'à l'éclat de l'être
quand même l'Adverse occupe tout le champ de l'espoir.

QUAND UN ENFANT

Un enfant court et toute la maison se fait cristal
sous les pas mirobolants
un enfant rit et les murs s'écartent
devant les connivences
il pleut du soleil dans la chambre
où l'avenir s'invente à mesure
dans une joie
dans l'éclair lucide d'un corps qui se donne à l'instant
franc jeu parmi la découverte
un enfant rit et chante et le monde recule
ses lisières d'ombre et d'écueils
pour laisser place aux pas d'argent
qui refont le temps
depuis le coup des origines
jusqu'au présent transfiguré.

PROPÉDEUTIQUE

à Cédric

Petit bonhomme de cinq mois qui n'a pas d'idée nette
mais un sourire à chambouler la Terre

petit ruminant dont les yeux
fixent une apparence
immobile et en composent
une part de son alphabet
pour penser un jour
quand les morceaux seront en place

penser le sein penser l'étoile
penser la sœur et la maman
penser le père à voix barbue

il faudra mettre ce hochet qu'il tient
en pourparlers avec les mots.

VIEILLE FEMME AU PIANO

Elle n'est plus revenue
une fois partie dans son passé
enfoncée dans les années pleines de signaux tendres
elle y retrouvait ses émois
un par un comme des grâces
les sourires de l'homme
les progrès des enfants
et leurs baisers
mille étoiles majeures
elle y renouait la soie des musiques
à la course des doigts
le clavier ruisselait d'impromptus de sonates
elle édifiait les châteaux sonores
avec ses mains comme des fièvres
qui caressaient les étendues
virevoltaient créant l'espace
autour du piano minuscule
attisant le passé
elle y trouvait refuge
déroulait l'arpège des années.

À CELLE QUI VA

Tu ne reviendras pas
de ton long effacement
au bout de la flamme, comète
devenue trajectoire invisible

tu ne te réveilleras pas de l'absence
pour nous faire don
du moindre sourire

réprimant la peine
en toi scellée
source funèbre

tu es au bout
de notre souvenir
comme un morceau de l'infini
à la dérive dans le temps
parmi les glaces noires

tu te résorbes
dans la Mère plus mère
qui te retranche de nous, te contient

éternelle.

LES LIVRES

Souvent debout guindés les uns contre les autres, tout papier
et carton étoilés de poussière
le dos paré d'un titre
en macules de couleur sur fond pâle ou bien noires
car le noir sied bien aux choses de l'âme

et parfois se tenant de guingois autour d'un vide
qui les force à quêter l'appui d'un semblable

debout donc ou presque sur les rayons
à leur place selon l'arbitraire alphabétique
Sartre avoisinant Sarraute, ce qui est bien
et Camus Campistron, c'est tant pis
ou les gros et grands avec leurs pareils
malgré la disparité des nations et des genres
des talents des âges et du reste
blocs neufs ou défraîchis, les minces, les bas, les luisants et
les mats
rectangulaires la plupart, ayant ou non la nostalgie de leur
forêt d'origine
transis d'acides, d'encre, mordus de caractères

ils sont là, vrac de latences, comme une entropie
d'humanité qui tarde
à changer le réel.

PURÉE DE FEU

Le soleil franchit le store vénitien
applique sur le mur sa purée, semblable
à de la braise d'étoile de fin de jour
venue du fond de l'azur froid
la purée est orange pâle
carottes d'hiver
elle se maintient quelques minutes
puis rentre dans le mur bleuissant
le jour vraiment ne vaut plus rien
il faudra affronter la nuit
avec ses pensums de fatigue
et le peu d'espoir de rêver
car le rêve lui aussi rentre dans le bleu du soir
il s'en va attendre un retour de flamme
au bout de la nuit qui commence
et qui peut-être finira
quand nous serons ressuscités.

CONSIGNE

Il faut fermer les yeux bien fort
et les ouvrir à l'intérieur
sur une aurore sans défaut
belle comme une formule mathématique
qui résout l'équation du malheur
et remet le cosmos à la hauteur du rêve

il faut fermer les yeux sur le jour tel quel
qui verse vers la nuit le flot des détritus
du corps et des cœurs détruits
des espoirs émaciés
visages en charpie

il faut fermer les yeux
pour voir tournoyer l'âme
blanche et noire
comme le vol aigu de l'hirondelle.

LE JOUR À LA FENÊTRE

La neige qui fond épingle aux vitres
son vrac de perles

la cime des sapins lentement balancée
sur fond d'azur s'éclaire d'escarboucles

le soleil de janvier fonde toute une aise
et multiplie les frasques de lumière

sur le pignon de la maison en face un écureuil
exulte, ruisselant de saccades

égalité des effusions
l'eau et l'ambre amplifiés

sur nos cœurs accordés
la neige étend son âme

il y aura un jour pour notre réconfort
une mémoire
de nos printemps anticipés.

VIE EN L'AIR

Né de l'air
il l'habite tout entier

son cri net
le remplit

l'arbre le plus haut
est son support
toujours d'occasion

sa patte
bague ce bout de bois

oiseau placide
on le dirait éclos d'une branche
comme une fleur de vent

il fouille du bec
les cendres et le miel
qu'il a aux plumes

son seul trésor
avec l'âme du chant.

ASSAUT

L'oiseau s'étourdit de son moi
lancé à plein gosier
vers le ciel en losange

le ciel est un bec
qui d'azur reproduit le miracle émetteur

un muscle de printemps
résulte de la projection
du poing de plumes
en jour strident

un muscle de bonheur
sous-tend la vie parmi
les façons du murmure

murmure de joie d'oiseau
en petites notes liquides
en losanges qui vibrent
avant un autre assaut majeur.

AXE DU SONGE

Le songe dresse sa hampe dans la nuit
haut fait de silence
l'infra-matière s'y mue
en rayonnement plus compact que la forge
ou l'agonie
la lumière scindée
s'effondre au pied du cylindre élevé
cassant l'air en cent remous

les cent âmes du feu hissent la sarabande
autour de l'axe
qui génère la nuit
de pierre turbulente.

AU CONCERT

Le petit jeune chef très bien
fort émouvant fort sympathique
dans son habit sanglé, telle la noire
parmi le *froissis* de croches et de blanches
son visage de marbre romain
impénétrable

il domine doucement la gent hétéroclite
qui glisse les archets sur les gourdes vibrantes
qui picore les anches luisantes des bois
qui s'époumone comme Borée dans des soleils de
cuivre
qui délivre les rumeurs sous-marines des lourds
cercueils sur pointes

tout cela joue vers la caresse de ses mains
remuées au-dessus de la partition
d'où s'élève l'émotion
sous forme de petits traits aigus, nuages de notes
ablutions de soupirs, brises de signes
que la cohue appliquée traduit
en chef-d'œuvre incertain.

RIEN N'EST PAS RIEN

Rien, ce n'est pas rien

rien est une attention plus réelle
au modelé des choses
pendant qu'elles subsistent
tranquilles tout autour
portées par l'être
et vous, porté aussi

le désir vous maquille

entre rien et rien une intention se glisse
qui rend l'air très aimable
soudain autour de vous
et qui sublime le désir
vous voilà comme voile au vent
l'air tournoie sous l'azur

une sorte de grâce saisit le monde
devenu tout et rien.

CHERS LEXIQUES

Il relégua dans un coin le mot « rien »
et d'autres mots de peu auxquels son poème
faisait un négligent accueil, les jours
de tonus mental bas
                    ces jours
où l'on vit par seul souci d'aller au bout
sans couler tout à fait dans l'épouvante ou le dégoût

il relégua donc puis tailla quelques crayons
ils lui soufflèrent au nez un parfum de roche et de forêt
qui entraîna vite son esprit maintenant aiguisé
vers des losanges de joie
losanges bleus verts jaunes d'une grande transparence
et rouge rubis
qui pendaient rutilants aux branches à peine bougées

le vent contait des légendes réelles
la lumière faisait des vrombissements de perdrix dans les taillis
et les mots de couleur et de vie affluaient
tels que font les lexiques
de nos plus chers mensonges.

RÈGLE DE VIE

Il n'y a qu'à ne pas se soucier
de ce qui rend soucieux, c'est très simple –
vous êtes par exemple un tubercule
de bonne compagnie, quadragénaire ou davantage
et les petits désagréments de l'existence
sont comme autant d'interventions de l'économe
qui emportent par-ci, par-là un morceau
de votre distinguée pelure
vous laissant chaque fois plus nu et plus frileux
et vous voilà au bout du compte aussi blanc qu'un
cadavre
et légèrement gluant à ne plus savoir où vous mettre
c'est alors qu'une politique ou mieux une éthique du non-
souci s'avère
utile car voici une main qui vous empoigne
et vous jette dans un paradis d'eau bouillante
où vous chantonnerez
comme Daniel dans la fosse ou sainte Cécile romaine au
bain
pur, nu et complètement inattentif aux rigueurs du réel.

VIVE L'EXCÈS

L'excès des mots du poème
loin de la raison d'eau claire
loin de ce qui se dit
entre l'appareil de bouche de chair
et celui de l'oreille chair et poil
loin du circuit
où passent les messages
de la parole ensalivée

l'excès dis-je
du poème gonflé
métaphorique tétrodon
poisson-globe, fugu synonyme
portant la mort dans ses viscères
et l'apparat de la lumière en mille pointes érigée

fait un soleil au sein de l'eau
qui avive le goût de l'âme
parmi les peuples engloutis.

LE COURANT PASSE

La lumière pleut sur la page

il y a si loin
de sa source d'astre
à mon livre qu'elle baigne

le soleil brille loin
par delà les airs et les nuages
par delà les crampes de froid
du vide sans atome
il pose sur ma page
un peu de sa faveur
et ma page devient le jour

il suffirait d'un rien qui fait écran
pour que sa lumière se bloque
que la clarté s'enroue
que la nuit s'abatte d'un coup
il suffirait d'un nœud
soudain de la présence

entre le soleil et moi
passe le courant de l'être
ininterrompu
comme un parfait regard
les yeux droit dans les yeux.

LOIN EN BAS

Il côtoyait les gouffres en prenant des notes

étourdis d'altitude
les mots le fuyaient

il masquait les blancs du texte
du bout du doigt
enduit de sa salive rouge

au fond des mondes
tout à côté de lui
scintillaient des bouts de ville

les trams luisaient
comme des chenilles
pas plus longs que des mots

il les aurait bien mis dans son cahier
mais il redoutait de perdre pied
comme Icare
et de s'écraser au fond du monde
où bâillent gouffres et cités.

FÉVRIER BLEU

Soudain :
jeune feu d'azur entre les fûts
quand je levai les yeux au-dessus de la neige
et que le sentier montant
découvrait son amen

pas une âme là-haut
pas un cri
l'air fondait comme un cierge

nous arrivions au sommet
et les plans du monde
les versants vifs
assourdis de lumière
se disposaient autour

dimanche étalait son loisir
jusqu'aux confins de l'espace
où fait rage l'infini
brasier de fées bleues.

DON DE FEU

Les jours les jours viennent en rond
avec leur faveur de soleil
qu'ils déposent dans mes mains
le soleil est un métal
de silence ardent
une larme parfois s'y glisse
pour adoucir l'éclat
pour tremper la joie
qu'elle jaillisse droit
jusqu'au cœur saignant rouge
blessure éblouissante

je suis tout refait de bonheur
l'amour perche sur mon épaule
les jours sont une succession d'états
plus bleus que les miroirs
les jours à genoux devant moi
lissent les ailes de feu
du soleil, son âme
éparpillée.

PRINTEMPS

Des oiseaux de tous bords
ont élu domicile
dans la cage sans porte
ni grillage
gros cube d'air
qui tient captif
l'érable de la cour

en attendant
le miracle des feuilles
des paires d'ailes
ornent les branches
battements fous
et trilles doux

subtilement le jour
feutre clair
affranchit tout.

PATRIE LÀ-HAUT

En perdurant dans la vie on s'allège
les cheveux pèsent moins
et prennent couleur de nuages

mes cheveux sont fin ciels
et ma patrie parfois
je la sens là-haut parmi
les billes d'air bleu
et les anges de verre

voilà, je me désincarne
mes poumons sont des ballons
qui m'exilent de terre

je deviens transparent comme
le frère du tonnerre.

Second cahier

VOIES DE NUIT

« Je vis qu'il n'y a pas de Nature,
que la Nature n'existe pas, (...)
qu'un ensemble réel et véritable
n'est qu'une maladie de notre pensée. »

FERNANDO PESSOA

ALIMENTS DE LA SURVIE

Détails, détails croqués un à un
par la flamme
alerte des bûchers

on met à cuire le chrétien
ou l'hérétique
la vie sévit, indifférente
à la couleur des confessions

bleu pâle ou bleu-vert, saute
la flamme autour de l'os

et danse la vie, dans l'éclat
avivé des supplices.

TSUNAMI, I

À perte de vue
la vie
perdue, l'arbre dépouillé
de son village autour
les âmes noyées comme des poux
parmi les ruissellements de la terre
        et les décombres naturels
        vie jaune   vie rouge
        voie noire de tous les sangs pilés
        voix du temps déchaîné

l'ouragan mugit plein azur
pleine mesure de catastrophe
les morts par milliers entonnent le même cri
barbouillé d'eau et de terreur
les morts ont vu déferler l'impossible
le visage du ciel ricanant s'est abattu en trombe
sur les fragiles réseaux de l'habité dispersant
paillotes et autres fétus
les enfants flottent dans chaque creux
le deuil partout s'organise
hissé à la hauteur des rages
criblées de larmes.

TSUNAMI, II

Là où la misère est extrême
la mer se soulève encore
pour battre les cartes du pire
brasser les conditions infâmes
piler ensemble les maisons et les corps
déraciner les axes de survie
donner à respirer les colères de l'eau
noyer les âmes dans les poitrines
faire surgir un seul désastre
de tous les points de l'horizon
rayer du présent le présent
et du soleil la visible lumière.

NOËL

Un enfant meurt

le réveillon bat son plein
les cloches de viande sonnent
à pleine volée d'appétits
les cris les chants
s'abattent avec des bruits mats
dans les réplétions éructeuses
vive Noël et la ripaille
des bonnes volontés quand Minuit
mobilise ses carillons !

à l'autre bout de la Terre
le soleil bat son plein
sur les carcasses d'enfants
tordues de jeûne

aux antipodes de la fête
Noël régale les vautours.

UN CORPS DE COMBAT

Voici un corps
pesant contre la terre
il épouse le sable et la boue pétrifiée
fripe des herbes sèches

voici un corps
vautré dans sa mort
comme un sexe parmi la fiancée

il n'est ni gras ni maigre
c'est un corps de combat
dans un pays où le soleil
calcine tribus et factions

il a reçu la charge
qui défait le sang
et annule le souffle
à force de pomper la souffrance
de tout le corps en feu

corps, triste reste d'enfance
effondré sous le bleu.

AU PAYS DU SOLEIL

C'est un visage d'enfant
qui ne dit pas un mot
la peau luit au soleil
la peau et le soleil sont africains
la bouche tremble sur les dents
lames de quartz
les yeux cherchent l'ombre au loin
les joues accueillent les mouches
venues d'azurs incandescents
elles parcourent le mince espace de la souffrance
entre la pommette et la bouche
s'insinuent dans l'orifice
où ne passent plus les mots
ni la salive
tout est trop sec
il ne boit que les mouches.

LE ROI DE L'OMBRE

pour l'ami mort

Moi je vis et toi tu t'en vas
pelant la terre de tes cris
les yeux boueux
tu es loin des printemps où nous cueillions les
escarboucles pendues aux branches
en rage d'amitié
tu circules parmi les courants d'ombre
grume flottant sur les lits limoneux
puis accrochée aux fonds pierreux
progressant dans le poing de la terre où l'eau
n'est plus qu'une âcre congestion
tu y règnes doux et maudit
tu es un roi décomposé
majestueux de pourriture
tes os te font une beauté
qui dissipe le charme autrefois
dont te parait la jeunesse
tel un fruit fragile

sombre sort
ô mon roi.

VOYAGE AVEC TERME

Le train file électrique
tout le long de sa voie
porté par des roues rondes
d'acier bien tassé
sur deux rails idoines
strictement parallèles
il avale l'espace
à force de durer
le temps est circulaire
l'espace va bon train
la vie est linéaire
et mène où l'on s'en va
sans savoir somme toute
vers le butoir de fer
qui stoppe le destin.

VICTIME

Corps mêlé d'eau
corps mou
gonflé de mort
les yeux ramassés
sur le vitreux
la bouche barbouillée de néant

corps d'homme sans homme
ni dehors ni dedans
le sexe fondu
masse blafarde
chair ridicule
le tout ridé pleine eau
peau vide
haillon qui passe
le ventre déboulé vers l'inconscient
un tas victime
aux airs d'avenir sale
devenu rien de plus
que son passé béant.

PORNOGRAPHIE

Un homme devenu son corps
s'allume de plaisir
devant la caméra
                qui moud le froid
                ruisseau d'images
elle reluque ses gestes de plâtre
l'exhibition de ses denrées
les détails émouvants pour l'autre
qui prendra place dans le champ des visions
éparpillé d'attentes
l'homme devenu son corps
se portera au point d'extase
pour l'autre
seulement l'autre
seulement celui qui voit
et qui aime blessé

la solitude est une ordure.

NAÎTRE ENCORE

Que ferai-je de ma tristesse
et de ma honte impardonnée
et des lots de ma vie cachée
qui pourrissent dans le silence
qui dégradent l'ombre même
que ferai-je de ce qui me tue
à petit feu tous les jours
et du désir caricature
qui me roue et qui m'écartèle
pareil au supplicié ardent
que faire
je n'ai que le malheur au cœur
mon âme aux dents
elle, je la cracherai avec
le goût de suie plein la bouche
et je renaîtrai loin d'ici
loin de moi
dans un pays de promesses pures
murmurées entre les lèvres
de mères immatérielles.

VLADIMIR ILITCH

à J.-M. P.

On n'a pas sauvé le monde
on a imposé l'espoir
et une justice pour tous
qui épargnait les plus habiles
les gens de l'appareil
nous n'avons rien sauvé, camarades

la vie fait son bruit de bottes
on entend glisser les culasses
les barillets égrènent leurs clics
fortune et infortune
ils roulent russes en attendant
les fous prodiges du grand soir.

LEVER DU JOUR

Le jour gris pointe
après les heures sans sommeil
ce n'est d'abord
qu'une nuit indécise
à peine
un vague trou dans un trou noir
où ça hallucine
faiblement
grésillement acide
les dernières étoiles pourrissent
tout se brouille comme un cauchemar
dans les hauts lieux
le ciel se désobscurcit
sans s'éclairer encore
et le jour qui n'est pas là
pèse déjà sur les circuits lucides
de tout son poids d'insomnie
et d'attentat
à haute teneur de corrosion
le jour
le jour qui pointe
complètement fou   et qui fait feu.

L'IMMONDE

Du mauvais côté de la vie
l'interdit géant dresse sa masse irrésistible
vous y croyez, le nez dessus
prêt à vous déchirer le sein
de vos ongles acérés
à genoux devant la sainte
déraison du péché.

DE L'OBSESSION

L'obsession avilit
quand elle travaille au ras de l'impossible
vide la chair des chances de sursaut
et de frémissement vers ailleurs
et d'étreinte par l'esprit

– le gras esprit
plus laid que chancre –

l'obsession s'insinue
vous incise la cervelle
fait éclore des jets de sang
comme mille artifices
fleurit l'espace dedans
de viles démangeaisons
vous condamne aux supplices du pire
qui sont ceux du mépris pour soi
et pour tout
celui d'aimer, de croire

au ban de toutes oraisons.

LE DÉSASTRE DU JOUR

« Soleil cou coupé »

Apollinaire

Ne parle pas de toi, halte-là, c'est vulgaire
fini l'autofiction glaireuse
je t'en prie : pas un mot de ta peine
et fuis les prétéritions
qui sont de fausses élégantes
au cul crotté sous les chiffons
oublie tes raisons d'être perdu
traqué comme un Inca au fin bout de l'Histoire
puis crucifié par les croisés
(conquistadors bardés de foi)
oublie tes grands malheurs personnels
qui font pâlir les génocides
et retrouve l'optimisme des vieillards non perclus
qui tous les matins voient se lever le vieux compagnon céleste
le Désastre du jour
vieille âme de lumière, boule
soleil saignant qui éclairera nos heures
une à une de sa pandémie rouge
sous une aura de pollution.

RÈGLE DE VIE

Toutes les positions possibles de l'être sont disqualifiées
sauf la désinvolture, pardon
pour ce qui subsiste
de dignes métaphores, de subtilités
à-plat-ventristes, de courages gros
comme des hélicons amplifiant les thorax

soyez, soyez désinvoltes
ce siècle ne tolère plus la gravité

elle se tenait droite l'espèce et marchait au clairon
à l'hélicon et au bâton
et camouflait sa vie sous les soufflets les camouflets
et autres marques de sentiments canoniques

eh bien, fini tout cela désormais !
en attendant l'Horrible Pentecôte
sifflotons légers et optimistes sans façons.

LA GUERRE, C'EST LA GUERRE

Ça débute par des enfants troués :
là, de sang-froid.

Étienne Lalonde

Oui, c'est dommage, cet enfant
estropié pour la vie
il a perdu tout un pied et davantage
on observe même chez lui des séquelles psychologiques
une certaine phobie des déplacements
sans compter la difficulté de les réaliser

mais ne faut-il pas reconnaître
l'efficacité d'une technologie
patiemment mise au point au fil des ans
un petit engin gros comme ça
facile à introduire dans le sol
ce que font les soldats avec compétence
et une parfaite confiance dans ces mines antipersonnel *made*
in U.S.A.
songez à l'apport que représente
pour la nation
la vente de millions de ces dispositifs
après tout pas si dangereux
pour qui sait se placer les pieds.

AUSCHWITZ

Crime si monstrueux qu'il offusque même la mémoire
et n'existe dès lors qu'au passé pour les millions de morts
qui en ont emporté l'horreur avec eux

l'ensevelissement au petit matin dans le trou creusé
pour leurs os
et leurs âmes sans larmes

une odeur de mort s'élève depuis
des millions de corps donnés à la haine
et jetés ensemble dans l'atroce
lessive du néant
sans autre espoir que celui de durcir
dans la pierre des autres corps et la pierre
animale du sol
la bouche emplie du cri roux de la terre.

HOMO TRISTUS

Les yeux emmiellés de fatigue
le corps cotonneux de l'âme aux pieds
te voilà au ban du plaisir
et recru d'ombre

il n'y a plus de ciel
pour qui s'est roulé
dans le triste infini
chose de boue
purée infâme
simulacre de dieux noirs

il faudra se refaire
une chair un espoir
gravir lentement la butte
d'où le regard de nouveau
s'étendra jusqu'au jour.

LE TEMPS PASSE

L'événement prend place sur la ligne du temps
et le temps se défile
brouille sa ligne
refoule ce qui se passe dans le passé
pêle-mêle avec les acteurs
le décor
et les rires du lieu

rien ne reste bientôt
l'Histoire recommence
son tour de roue
sous le soleil rond et distrait
les siècles sifflent dans le vent
tout doucement
un petit air de cataclysme

le temps passe.

LA RONDE DES HEURES

Les rires sourds
de fond de gorge
d'estomac peut-être

les rires t'entourent
comme les chiffres de l'horloge

vieilles princesses
dans leurs jupes-tentures
elles te jettent un regard
aigu de mépris
elles te toisent, les vieilles
et des rires sourdent de leurs corsages
pas même formés sur leurs lèvres
des rires de poitrines drapées

et toi au centre
tu tournes tes bras inégaux à vitesse inégale
pointant du doigt une vieille puis l'autre
sans faire exprès
en mêlant tic-tac et sanglots.

VITA NOVA

Tu as très bien fait de te retirer une fois pour toutes
dans ce placard

tu y respires ce qu'il faut
à petits coups prudents
tu t'habitues peu à peu à une circulation lente du sang dans
ton corps
très lente

toutes tes fonctions anatomiques passent au mode ralenti
pendant que tu t'appliques à ne plus écouter
les bruits de la recherche
de l'autre côté de la porte

ils ont l'air de bisquer, ma foi
mais tu t'absentes
tu n'es plus là
ni même dans les suspens liquides de ton intimité
tu es ailleurs
plein le placard

dans les ombres boueuses
où songe l'araignée.

VANITEUX DES VANITEUX

La mort est l'autre moi plus trou plus pou encore
elle se prend aux cheveux de l'âme et tire
suce le sang des ambitions légitimes
il n'y a qu'une ambition, être pareil
à ce qui n'a de cesse
à ce qui dure au milieu des dénis
à ce qui casse les supplices et les fait servir à sa gloire

il n'y a qu'une gloire
elle vous épingle au milieu de tout et vous exhausse
jusqu'au point de non-retour
là où forclos là où extrême
vous annulez votre naissance
d'un seul acte gravé dans la chair périssable.

INCIDEMMENT

La petite chose qui se détraque
dans le système intérieur –
l'organe qui fabrique
la bile la pituite
ou la bienfaisante hormone
la glande qui rend fol ou brillant
tous les mécanismes
régulateurs, la batterie des dispositifs
jaunes rouges tièdes –
quand cela, rien du tout, se détraque

la santé tombe par terre comme une tunique molle
et vous vous penchez en vain pour la ramasser
la remonter sur votre anatomie intime
elle se défait à mesure entre vos doigts
plus lâche que la glaire
vous restez nu et fleuri de taches visqueuses
vous errez dans le petit cercle des déjections
que votre santé autrefois florissante
crée maintenant à vos pieds
en attendant le moment où vous glisserez

la flaque vous boira.

LE PASSÉ

Il n'y a plus que vous au centre de vous-même
les autres ont tous quitté la scène
sur la pointe des pieds
et se sont retranchés au cœur d'eux-mêmes
chacun est un phénix
né à nouveau des cendres de ses proches
et des incendies plus lointains
le monde brûle à grand feu
à grands mots secs
dans la poitrine universelle
on entend le chant de l'engeance
qui crépite sans fin
sur l'air de l'homme d'autrefois
qui fabriquait ses dieux

il ne reste plus que le centre
que vous et moi et chacun
pendant que le passé qui meurt
expie l'espoir abominable.

DISPERSION

Il faudra vider les pièces
enlever livres meubles tapis
tous les petits objets excédés de poussière
les redistribuer aux quatre vents
leur inventer un nouveau sort

tous ces riens de ma vie
iront combler d'autres attentes
perdront peu à peu la mémoire des lieux

les meubles les plus décrépits finiront
au bord du chemin
seront gobés par le camion monumental

les éboueurs courront derrière le festin
la rue se videra de mes soucis derniers
et la porte de la maison
amnésique et joyeuse
s'ouvrira désormais à de jeunes vivants.

L'ÉMOTION EST DIFFICILE

Parmi les poussières
vit tout un peuple d'acariens
des petits des jaunes des coupants
et ceux qui ont trois yeux

certains se déplacent en famille
les dents serrées, sans émotion
d'ailleurs elle n'est jamais facile
l'émotion chez ces êtres minuscules
il faut un certain volume pour rire ou pour pleurer

la rage seule n'en demande pas tant
et loge aisément sur la pointe d'une épingle
comme l'âme des catholiques
vu qu'elle se traduit aussitôt en action
et se fixe dans le pied

l'acarien dès lors devient bête
bête comme ses pieds
et il file colère
entre les cheminées de la poussière
et les floconnements grisâtres
le jour est capable de ça.

DANGER D'ÉCRIRE

N'ouvre plus le cahier :
il te tuera !

une charge plate
entre les pages
te sautera à la face
t'arrachera au monde rond

crapauds crapauds
sur tes débris

la mort te jettera
ses vœux de sel

tu ne vivras plus
de mots choisis

les pages brûleront une à une
sur tes cuisses de pierre.

BOUES TENACES

Certains soirs
on se meurt d'envie de rouler tête première dans le néant
avec la Terre
de s'associer à l'énorme rotation
qui chaque jour nous entraîne
parmi les décombres d'ombre
certains soirs
quand, hagards de fatigue
nous voyons vaciller les étoiles

nous jeter en avant
dans les pattes des chevaux du noir
poser la tête sous les sabots
rien que pour sentir les paquets d'hébétude
s'abattre sur nos cervelles
comprimer crever nos idées
nous mettre à plat dans les boues tenaces
nous rouer à même la roue de la matière
ronde planète ventre noueux
noire déclinaison du sommeil.

PRINCESSE PASSÉE

à la mémoire de Jeanne D.

Elle est partie vieille princesse
en saluant tout bas chacun
son visage était devenu comme un signe
– lame de couteau et alphabet –
les yeux brillaient du fond du cœur
la bouche avalait des soupes d'ombre
mais la voix tenait lieu
de tout et de silence
par-dessus les défaites orageuses du corps
les renonciations d'organes
elle était chaque jour plus courageuse
et plus digne d'affronter l'embarras du passage
de faire le saut dans le non-temps définitif
d'où l'on ne revient plus pour sourire
elle devenait princesse de rien
et régnait faiblement de tous ses os
sur un royaume de draps blancs
parmi l'escorte des affections inutiles
elle est morte à point pour mater toutes les larmes
et remettre la Terre aux forces d'oubli.

LE CREUX DES CHOSES

Il n'y a rien de superbe dans la joie
la joie superbe est un spectacle
sans fondement

on dirait un soleil
qui s'évertue à la surface
des choses alors que
les choses ont de longues âmes
sombres du fond desquelles
on aperçoit le jour
comme un cri destructeur

la joie superbe
existe pour qui
n'a pas d'âme creuse
et noire sous
l'apparence
adressée au regard.

L'HEURE DE FER

Il faut se tenir loin du cœur
quand l'orage pilonne
ce qui vous reste de douceur
vous broie dans la cuve des autres sens
parmi les matières basses
les lingots de chair

oubliez oubliez votre amour
et la jeunesse des sentiments
et l'horreur du ciel qui s'installe

il ne vous lâchera plus
quand vous aurez craché le souffle
et que l'éternité vous coincera
entre ses poings hostiles

oubliez votre cœur
et les amours trahies
et l'heure de fer qui passe
et vous écrase.

ÂMES AU VENT

Il faisait froid si froid
que les pigeons mouraient transis

leurs âmes pliées en quatre
se mêlaient petits billets
aux frimas du trottoir.

CONSTAT

Tiens tiens mes mains elles plissent
je veux dire la peau
plisse mais c'est tout moi par là qui
plisse comme une vieille pomme
ou un ragoût trop froid
ce n'est pas beau
c'est tout moi qui me découvre
vieux et froid
en ouvrant mes yeux las
sur le monde sur moi

eh eh yé né souis pas né
dé la dernière plouie.

FUITE EN AVANT

« ... c'est lui, c'est notre maître. Embrassons-nous ! »

Louis-Ferdinand Céline

La Terre tourne tourne
le passé s'épaissit

même les dieux
tombent dans l'ombre
parés de fers rouges

l'infini renaît
chaque jour plus infâme
dans sa livrée démocratique
on le baptise Économie
sa nudité l'habille
il a l'air du vainqueur
blême comme un lingot
c'est lui notre seigneur
nous baisons sa clarté

la Terre tourne et l'ombre empire
avec ses milliards de cadavres
qui puent jusqu'au ciel
tout le passé est une mort
aux pieds du présent qui défaille.

LES DEVANCIERS

Ceux qui restent
ne seront jamais aussi nombreux
que ceux-là dont le corps
boursoufle le sol

nous marchons sur du passé
sanguinolent
où s'entrelacent les tripes de l'ombre

entendre les soupes d'ions
qui s'abordent
avec des bruits de voiles qui claquent
et de marées macabres

nous sommes promis au pire
tout se passe sous nos pieds
dans les répertoires de la terre
nos devanciers guettent nos pas
qui défaillent entre leurs rires
ils nous tendent leurs bouches moussues
leurs glus de baisers
décomposés.

LE LIVRE FERMÉ

Ce jour de printemps c'était une page parfaite
ma mère avait seize ans et regardait le fleuve
l'île au milieu portait un petit jeu de vaches maigres
le ciel était un bleu feuillet carré
plusieurs pages avaient rempli la vie de maman
et tout le volume écrirait jusqu'au bout le récit
de sa vie pleine de joies et de récris
tout un livre parmi les biographies du monde
et chaque jour une page était tournée
chaque jour ramenait son lot de chances neuves
puis un matin la page ne tournerait plus
coincée dans une impasse bleue
le ciel ne palpiterait plus de sa grande carrure d'air
on fermerait le livre et on le rangerait
sur l'étagère des temps vécus
paquet de feuilles bourdonnant de silence.

LE CIEL EST GRIS

Oiseau qui passe en l'air
qui passe et va son vol
chiffon têtu s'effaçant à mesure

rien ne strie ce ciel d'un gris bourru
rien ne marque cette page revêche
pas même la pluie

pas un rayon
n'allume le vent d'un message
ou d'un sourire.

LES YEUX DANS L'EAU

Ah   l'étrange miroir
me renvoie l'image
du noyé les yeux ouverts
fixent l'eau d'un grand regard liquide
où flotte le gris ennemi des couleurs
le gris des naissances retardées

ce miroir capte le jour
et l'assombrit
pour rendre la vie conforme
à sa parodie d'eau

le miroir lave
la lumière
et la caresse
pauvresse toute nue.

Ô MON CORPS...

Ô mon corps
prends-moi
dans tes bras secs
et porte-moi
jusqu'au bout du secret

tue l'horizon
de ton regard qui rage
et baptise mes ardeurs
de fiel bleu

il y a la terre à mater
pour y planter les fièvres
elles me feront fils
de mes soupirs

elles fleuriront, blanches
haleines glacées
au-dessus de mon rêve

corps, prends mon souffle
et mon souci d'aimer.

L'ÉTERNITÉ

Une vie finie
qui a été vécue jusqu'à la dernière minute

cette vie finie, bien finie
l'éternité commence
sous les auspices du néant

c'est-à-dire

il n'y a plus le goût du corps
le goût de remuer ses os
de flatter ses branchies
on ne mâche plus l'eau de l'air
on se tient coi comme une plante

l'éternité commence alors
comme rien
elle enduit le moi mort de la plus tendre indifférence
et le consigne avec les Choses sacrées
parmi les plénitudes en tas quelque part
dans quelque coin de débarras du Paradis.

TABLE

DU MÊME AUTEUR

Privilèges de l'ombre, poèmes, Montréal, l'Hexagone, 1961.
Nouvelles (en collaboration avec Jacques Brault et André Major), Montréal, Cahiers de l'AGEUM, 1963.
Délit contre délit, poèmes, Montréal, Presses de l'AGEUM, 1965.
Adéodat I, roman, Montréal, Éditions du Jour, 1973.
Hugo : Amour / crime / révolution, essai sur *Les Misérables*, Montréal, Presses de l'Université de Montréal, 1974. Réédité par les Éditions Nota Bene (Québec), 1999.
L'instance critique, essais, Montréal, Leméac, 1974.
La littérature et le reste, essai (en collaboration avec Gilles Marcotte), Montréal, Quinze, 1980.
L'évasion tragique, essai sur les romans d'André Langevin, Montréal, Hurtubise HMH, 1985.
La visée critique, essais, Montréal, Boréal, 1988.
Les matins nus, le vent, poèmes, Laval, Trois, 1989.
Dans les chances de l'air, poèmes, Montréal, l'Hexagone, 1990.
Particulièrement la vie change, poèmes, Saint-Lambert, le Noroît, 1990.
La croix du Nord, novella, Montréal, XYZ éditeur, 1991.
L'esprit ailleurs, nouvelles, Montréal, XYZ éditeur, 1992.
Le singulier pluriel, essais, Montréal, l'Hexagone, 1992.
La vie aux trousses, roman, Montréal, XYZ éditeur, 1993.
La Grande Langue, éloge de l'anglais, essai-fiction, Montréal, XYZ éditeur, 1993. Réimpression en format poche, 2002.
Delà, poèmes, Montréal, l'Hexagone, 1994.
Tableau du poème. La poésie québécoise des années 80, essai, Montréal, XYZ éditeur, 1994.
Fièvres blanches, novella, Montréal, XYZ éditeur, 1994.
Roman et énumération. De Flaubert à Perec, essai, Montréal, « Paragraphes », Études françaises, Université de Montréal, 1996.

Adèle intime, roman, Montréal, XYZ éditeur, 1996.

Les épervières, roman, Montréal, XYZ éditeur, 1996. Traduit en anglais par Alison Newall sous le titre : *The Devil's Paintbrush*, Toronto/Oxford (England), Simon & Pierre Fiction, 2003.

Le maître rêveur, roman, Montréal, XYZ éditeur, 1997.

Une étude de « Bonheur d'occasion » de Gabrielle Roy, essai, Montréal, Boréal, 1998.

L'inconcevable, poèmes, Laval, Trois, 1998.

Saint-Denys Garneau. Le poète en sursis, récit biographique, Montréal, XYZ éditeur, « Les grandes figures », 1999.

Anne Hébert. Le secret de vie et de mort, essai, Ottawa, Presses de l'Université d'Ottawa, 2000.

Matamore premier, roman-farce, Montréal, XYZ éditeur, 2000.

Je t'aime, je t'écris, poèmes, Montréal, Québec Amérique, « Mains libres », 2001.

Rêver la lune. L'imaginaire de Michel Tremblay dans les « Chroniques du Plateau Mont-Royal », essai, Montréal, Hurtubise HMH, 2002.

Les jours à vif, poèmes, Laval, Trois, 2004.

Élégies de lumière, poèmes, Laval, Trois, 2005.

La poésie

aux Éditions Triptyque

Albert, Michel. *Poèmes et autres baseballs*, 1999, 108 p.
Albert, Michel. *Souliers neufs sur les terres brûlées*, 2000, 73 p.
Arsenault, Anick. *Femmes de sous mon lit*, 2002, 88 p.
Berrouët-Oriol, Robert. *Lettres urbaines*, 1986, 88 p.
Berrouët-Oriol, Robert. *En haute rumeur des siècles*, 2009, 126 p.
Bessens, Véronique. *Les coriaces*, 2009, 70 p.
Bienvenue, Yvan. *Tout être*, 2002, 66 p.
Blo, Maggie. *Clémentine et Mars*, 2002, 76 p.
Boissé, Hélène. *Et autres infidélités*, 1990, 70 p.
Boissé, Hélène. *De l'étreinte*, 1995, 83 p.
Boissé, Hélène. *Silence à bout portant*, 1999, 86 p.
Boissé, Hélène. *Tout a une fin*, 2005, 59 p.
Bouchard, Reynald. *La poétite*, 1981, 78 p.
Bouchard, Reynald. *Chants d'amour au présent*, 1995, 52 p.
Brochu, André. *Cahiers d'Icare*, 2009, 100 p.
Caccia, Fulvio. *Irpinia*, 1983, 57 p.
Caccia, Fulvio. *Scirocco*, 1985, 64 p.
Caccia, Fulvio. *Lilas*, 1998, 83 p.
Campeau, Sylvain. *La Terre tourne encore*, 1993, 97 p.
Campeau, Sylvain. *Exhumation*, 1998, 104 p.
Campeau, Sylvain. *Les antipsaumes*, 2004, 71 p.
Campeau, Sylvain. *Planète, organes*, 2007, 96 p.
Cardinal, Diane. *L'amoureuse*, 1989, 80 p.
Cardinal, Diane. *Murs mouillés d'ombre*, 2002, s. p.
Catalano, Francis. *Panoptikon*, 2005, 114 p.
Chapdelaine Gagnon, Jean. *Dans l'attente d'une aube*, 1987, 71 p.
Chenard, Sylvie. *Chansons et chroniques de la baleine*, 1994, 103 p.
Clément, Michel. *Nekuia ou Le chant des morts*, 1987, 68 p.
Coppens, Patrick. *Enfants d'Hermès*, 1985, 64 p.
Coppens, Patrick. *Tombeaux et ricochets*, 1997, 70 p.
Corbeil, Marie-Claire. *Inlandsis suivi de Comment dire*, 2000, 117 p.
Côté, Michel. *Au commencement la lumière*, 2001, s. p.
Côté, Michel. *Jouer dans l'être*, 2007, 72 p.
Côté, Michel. *Le privilège de la rive*, 2004, 69 p.
Daoust, Jean-Paul. *Cinéma gris*, 2006, 68 p.

Deschênes, Louise. *Porte dérobée*, 2008, 68 p.
Desnoyers, François. *Derrière le silence*, 1985, 108 p.
Des Rosiers, Joël. *Métropolis opéra*, 1987, 95 p.
Des Rosiers, Joël. *Tribu*, 1990, 110 p.
Des Rosiers, Joël. *Savanes*, 1993, 102 p.
Des Rosiers, Joël. *Savanes suivi de Poèmes de septembre*, 2007, 116 p.
Des Rosiers, Joël. *Vétiver*, 1999, 136 p.
Des Rosiers, Joël. *Métropolis opéra suivi de Tribu*, 2000, 192 p.
Des Rosiers, Joël. *Caïques*, 2007, 136 p.
DesRuisseaux, Pierre. *Soliloques*, 1981, 88 p.
DesRuisseaux, Pierre. *Noms composés*, 1995, 104 p.
DesRuisseaux, Pierre (trad. de). *Contre-taille. Poèmes choisis de vingt-cinq auteurs canadiens-anglais*, éd. bilingue, 1996, 327 p.
DesRuisseaux, Pierre (trad. de). *Hymnes à la Grande Terre. Rythmes, chants et poèmes des Indiens d'Amérique du Nord-Est*, 1997, 265 p.
DesRuisseaux, Pierre (trad. de). *Co-incidences. Poètes anglophones du Québec*, 2000, 278 p.
Dimanche, Thierry. *Le thé dehors*, 2002, 89 p.
Dudek, Louis. *Dudek, l'essentiel* (trad. p. DesRuisseaux), 1997, 239 p.
Dupuis, Jean-Philippe. *Attachement*, 1999, 76 p.
Dupuis, Jean-Philippe. *Table de nuit*, 2004, 72 p.
Dupuis, Léon Guy. *Rebours*, 2002, 78 p.
Dupuis, Léon Guy. *Vous êtes ici*, 2005, 74 p.
Durand, Frédérick. *Sombre d'ailleurs*, 2009, 55 p.
Dyens, Ollivier. *Les bêtes*, 2003, 76 p.
Dyens, Ollivier. *Là où dorment les crapauds*, 2008, 52 p.
Forest, Jean. *Des fleurs pour Harlequin !*, 1985, 129 p.
Fréchette, Jean-Marc. *Le corps de l'infini*, 1986, 135 p.
Fréchette, Jean-Marc. *La sagesse est assise à l'orée*, 1988, 52 p.
Gagnon, Alain. *L'espace de la musique*, 2005, 102 p.
Gagnon, Alain. *Les versets du pluriel*, 2008, 69 p.
Gaudreau, Jean-Pierre. *Entre la lumière des saisons*, 2000, 70 p.
Georges, Claude. *Entière mémoire noyée*, 2001, 72 p.
Giguère, Richard. *Anthologie de la poésie des Cantons de l'Est au 20e siècle* (éd. bilingue), 1999, 247 p.
Girard, Cynthia. *Le Soleil et l'Électron*, 2004, 63 p.
Giroux, Robert. *L'œuf sans jaune*, 1982, 74 p.
Giroux, Robert. *Du fond redouté*, 1986, 72 p.
Giroux, Robert. *J'allume*, 1995, 55 p.
Giroux, Robert. *En mouvement*, 1998, 54 p.
Giroux, Robert. *Le miroir des mots*, 1999, s. p.

Giroux, Robert. *Gymnastique de la voix*, 2001, 64 p.
Giroux, Robert. *Soleil levant*, 2003, 64 p.
Giroux, Robert. *Soleil levant précédé de Gymnastique de la voix*, 2004, 117 p.
Giroux, Robert. *L'hiver qui court suivi de La banlieue du cœur des villes*, 2006, 53 p.
Gosselin, Yves. *Brescia*, 1987, 84 p.
Gosselin, Yves. *Connaissance de la mort*, 1988, 84 p.
Gousse, Edgard. *La sagesse de l'aube*, 1997, 69 p.
Gousse, Edgard. *Les oiseaux se taisent et me regardent*, 2008, 113 p.
Guénette, Daniel. *Empiècements*, 1985, 96 p.
Guénette, Daniel. *Adieu*, 1996, 69 p.
Guilbeault, Daniel. *Le risque du bonheur*, 2002, 83 p.
Hubert, Karine. *Je ne devrais pas voir*, 2005, 87 p.
Jalbert, Marthe. *Au beau fixe*, 1986, 50 p.
Jalbert, Marthe. *Le centre dissolu*, 1988, 50 p.
Ji, R. *Par la main du soleil*, 1981, 59 p.
Labonté, Olivier. *Lointain écho de la petite histoire*, 2009, 61 p.
Lafond, Guy. *Carnet de cendres*, 1992, 73 p.
Langevin, Gilbert. *Confidences aux gens de l'archipel*, 1993, 88 p.
Lanthier, Philip. *Anthologie de la poésie des Cantons de l'Est au 20e siècle* (éd. bilingue), 1999, 247 p.
LaRochelle, Luc. *Ni le jour ni la nuit*, 2004, 79 p.
Larocque, Marie-Christine. *La main chaude*, 1983, 67 p.
Larocque, Marie-Christine. *Encore candi d'aimer*, 1991, s. p.
Layton, Irving. *Layton, l'essentiel* (trad. Michel Albert), 2001, 195 p.
Leduc-Leblanc, Jérémie. *Mémoire d'ombres*, 2007, 76 p.
Legendre De Koninck, Hélène. *Les racines de pierre*, 1992, 69 p.
Le Gris, Françoise. *Bali imaginaires*, 1993, 65 p.
Le Gris, Françoise. *Le cœur égyptien*, 1996, 133 p.
Lépine, Hélène. *Les déserts de Mour Avy*, 2000, s. p.
Létourneau, Michel. *Les rives claires*, 2008, 84 p.
Louisseize, Caroline. *Le siège propre*, 2003, 96 p.
Malavoy-Racine, Tristan. *L'œil initial*, 2001, 67 p.
Malavoy-Racine, Tristan. *Les chambres noires*, 2003, 68 p.
Malavoy-Racine, Tristan. *Cassé-bleu*, 2006, 57 p.
Marquis, André. *À l'ère des dinosaures*, 1996, 76 p.
Marquis, André. *Cahiers d'actualité*, 1997, 107 p.
Marquis, André. *Anthologie de la poésie des Cantons de l'Est au 20e siècle* (éd. bilingue), 1999, 247 p.
Martin, Alexis. *Des humains qui bruissent*, 1999, 51 p.
Martin, Raymond. *Indigences*, 1983, s. p.
Martin, Raymond. *Qu'en carapaces de mes propres ailes*, 1987, 74 p.
Mistral, Christian. *Fontes. Poèmes et chansons*, 2004, 183 p.

Montpetit, Marie-Hélène. *40 singes-rubis*, 2002, 56 p.
Montpetit, Marie-Hélène. *Dans le tabou des arbres*, 2007, 64 p.
Morency, Joanne. *Miettes de moi*, 2009, 58 p.
Morrissey, Stephen. *La bête mystique* (trad. Élizabeth Robert), 2004, 101 p.
Nelligan, Émile. *Poésies* (éd. André Marquis), 1995, 303 p.
Parent, Mario. *Marcher sur les vagues*, 2000, 77 p.
Pavloff, Franck. *Indienne d'exil*, 2001, 51 p.
Pelletier, Louise de gonzague. *Petites mélancolies*, 1989, 60 p.
Perreault, Guy. *Personne n'existe suivi de La mort des mouches*, 1999, 81 p.
Phelps, Anthony. *Orchidée nègre*, 1987, 107 p.
Poirier, Martin. *Les matins carnivores*, 2002, 77 p.
Poulin, Aline. *La viole d'Ingres*, 1991, 51 p.
Pourbaix, Joël. *Dans les plis de l'écriture*, 1987, 119 p.
Pourbaix, Joël. *Passage mexicain*, 1989, 78 p.
Renaud, Jacques. *Le cycle du scorpion*, 1979, 39 p.
Renaud, Jacques. *La nuit des temps*, 1984, 122 p.
Ricard, André. *Les baigneurs de Tadoussac*, 1993, 54 p.
Robert, Sylvain. *Poudre noire*, 2005, 69 p.
Ross, Diane-Ischa. *Ces yeux mis pour des chaînes*, 2003, 70 p.
Ross, Diane-Ischa. *Fors le silence*, 2006, 81 p.
Ross, Diane-Ischa. *noir blanc nabis*, 2009.
Roy, Bruno. *L'envers de l'éveil*, 1988, 88 p.
Saint-Germain, Monique. *Archipel*, 1991, 103 p.
Savard, Marie. *Poèmes et chansons*, 1992, 96 p.
Smith Gagnon, Maude. *Une tonne d'air*, 2006, 51 p.
Souaid, Carolyn-Marie. *Neiges* (trad. Alain Cuerrier), 2006, 115 p.
Soudeyns, Maurice. *Poèmes au noir*, 1989, 70 p.
Soudeyns, Maurice. *Vrac et nuques*, 1999, 72 p.
Sylvestre, Robert. *L'accès au cœur*, 2001, 62 p.
Tardif, Maurice. *Autoportraits à la paille creuse*, 2001, 144 p.
Trépanier, Laurent. *La parole au noir*, 1998, 56 p.
Urquhart, Jane. *Les petites fleurs de Madame de Montespan* (trad. Nicole Côté), 2000, 98 p.
Vaillancourt, Marc. *Équation personnelle*, 1992, 94 p.
Vaillancourt, Marc. *Lignes de force*, 1994, 124 p.
Vaillancourt, Marc. *Les corps simples*, 1996, 102 p.
Vaillancourt, Marc. *Almageste*, 1998, 92 p.
Vaillancourt, Marc. *Amant alterna Camenæ*, 2000, 120 p.
Vaillancourt, Marc. *Les loisirs de Palamède*, 2003, 105 p.
Vaillancourt, Marc. *La plupart des hommes meurent de chagrin*, 2009, 63 p.
Warren, Louise. *L'amant gris*, 1984, 88 p.

Warren, Louise. *Madeleine de janvier à septembre*, 1985, 52 p.
Warren, Louise. *Écrire la lumière*, 1986, 50 p.
Watteyne, Nathalie. *D'ici et d'ailleurs*, 2000, s. p.
Ysraël, Élie-Pierre. *Arcane seize*, 1980, 18 p.

GARANT DES FORÊTS
INTACTES

Tous les livres des Éditions Triptyque sont désormais imprimés sur du papier 100 % recyclé postconsommation (exempt de fibres issues des forêts anciennes) et traité sans chlore.

L'impression de *Cahiers d'Icare* a permis de sauvegarder l'équivalent de 4 arbres de 15 à 20 centimètres de diamètre et de 20 mètres de haut. Ces bienfaits écologiques sont fondés sur les recherches effectuées par l'Environmental Defense Fund et d'autres membres du Paper Task Force.

MARQUIS
Marquis imprimeur inc.

Québec, Canada
2009